M. ALFRED DE PUYVALLÉE

DÉCÉDÉ A ORLÉANS

le 24 décembre 1870

VICTIME DE SON DÉVOUEMENT POUR LES BLESSÉS

ORLÉANS

IMPRIMERIE ERNEST COLAS, VIS-A-VIS DU MUSÉE

1871

M. ALFRED DE PUYVALLÉE

ORLÉANS

IMPRIMERIE ERNEST COLAS, VIS-A-VIS DU MUSÉE

—

1871

M. ALFRED DE PUYVALLÉE

Accablés du poids de nos malheurs, de nouvelles et cruelles épreuves nous attendaient encore ; les meilleurs et les plus aimés de l'élite de notre jeunesse tombent, autour de nous, moissonnés par la mort, laissant après eux des vides que nous ne saurons remplir et des larmes qui ne tariront pas.

Ainsi, vient de nous être enlevé, victime de son dévouement pour nos soldats malades et blessés, notre excellent, notre aimable ALFRED DE PUYVALLÉE (1).

M. ALFRED DE BENGY DE PUYVALLÉE appartenait à ces anciennes familles de noblesse provinciale, au sein desquelles le trésor du vieil honneur français se conserve pur de tout alliage et de toute défaillance, religieusement entretenu par la

(1) Marie-Auguste-Alfred de Bengy de Puyvallée, né à Saint-Amand (Cher) le 16 avril 1830, de M. Pierre de Bengy de Puyvallée, Chevalier de la Légion-d'Honneur, et de Mlle Aspasie de Hallot, avait épousé, le 3 mai 1854, Mlle Euphrasie-Alix Seurrat de Morett, arrière-petite-fille du Député de la noblesse de l'Orléansis aux États-Généraux de 1789.

simplicité des mœurs, la dignité de la vie et le culte des vertus publiques et privées.

Orléanais par sa vénérable mère, par les alliances de ses frères, par son union avec une des meilleures familles de notre ville, il était devenu l'un des nôtres. A peine fixé parmi nous, son caractère généreux et bienveillant lui avait acquis d'universelles sympathies. Aimé, apprécié dans le monde pour l'élévation de ses sentiments, la distinction de ses manières, son esprit délicat et fin, c'était surtout dans l'intimité du foyer domestique qu'il se révélait tout entier. Là, dans les religieuses habitudes de la foi chrétienne et de la charité, près de celle que tant de nobles et saintes causes ont eu pour ange tutélaire, il partageait ses jours entre les pures affections du cœur, le culte assidu des arts et la pratique du bien.

Les brillantes aptitudes d'homme de goût et d'artiste qu'Alfred de Puyvallée cachait avec une simplicité modeste, s'étaient récemment fait connaître dans la construction d'une élégante habitation rurale, à laquelle il avait voué tous ses soins.

Ah ! quand naguères encore, en cette demeure si riante et à peine achevée, nous recevions de cette digne famille une affectueuse hospitalité ; quand nous aimions à lui prédire que cette œuvre d'un goût si pur et de communs labeurs, gracieux ornement des rives de notre beau fleuve, serait, pour elle, la douce retraite d'une vieillesse paisible et honorée ; qui nous eût dit que, quelques semaines après, cet avenir de bonheur serait sitôt brisé par la mort, et que cette habitation silencieuse et désolée, ne serait plus qu'un séjour de regrets et de deuil, consacré toutefois par le souvenir d'un nom sans tache, et d'une vie pleine de vertus plus que de jours !

L'intelligente activité de M. de Puyvallée, la sage modération de ses convictions politiques, son appréciation éclairée des besoins de notre époque, laissaient prévoir pour lui de légitimes et plus hautes aspirations. Il avait recueilli, dans les exemples

paternels, la noble ambition d'être utile à son pays : il s'y pré-
parait modestement, sérieusement, par la pratique des affaires,
l'habitude des services rendus, et la considération publique
laborieusement et justement acquise.

Avec la discrète réserve qui caractérise l'amour désintéressé
du bien, il semblait attendre que l'expérience des hommes et
des choses et la gravité naturelle des années donnassent à ses
convictions, si honorables qu'elles fussent, cette pleine ma-
turité que Dieu refuse aux chaleureux entraînements de la
jeunesse, et qu'il impose aux sociétés humaines, comme la
condition nécessaire et l'élément essentiel de la bonne gestion
des intérêts publics.

Les amis de M. de Puyvallée voyaient, avec bonheur, son
noble caractère, ses idées larges et élevées, sa fermeté bien-
veillante mais résolue, lui mériter, dans les communes rurales
qu'il habitait, des témoignages multipliés de confiance, et lui
assurer peu à peu une précieuse influence, qu'il consacrait à
l'intérêt du bien (1).

Il n'entrait pas dans les desseins de la Providence que cet
avenir, si honorablement préparé, eût son accomplissement
parmi nous.

Et toutefois, avant de briser si fatalement nos chères espé-
rances, Dieu permit qu'un grand malheur public révélât, aux
yeux de tous, quels trésors d'abnégation et de dévouement
résidaient en ce cœur généreux et bon.

A peine notre cité, autrefois si paisible, fut-elle devenue, par
l'envahissement de nos provinces, comme une sorte de place
de guerre, incessamment affligée du douloureux spectacle des

(1) M. Alfred de Puyvallée avait été récemment appelé, par un vote
unanime, au commandement de la garde nationale de Saint-Denis-de-
l'Hôtel, et, quelque temps auparavant, au Conseil municipal de Marigny.
Il avait été vivement sollicité d'accepter les fonctions de Maire de cette
dernière commune.

champs de bataille, qu'Alfred de Puyvallée se voua tout entier à l'œuvre patriotique des ambulances volontaires.

On eût dit qu'en cette mission charitable, il venait de rencontrer la voie à laquelle l'avait comme naturellement préparé la noble devise de sa famille : Bien faire et laisser dire.

Chaque fois que quelque nouvel engagement avait ensanglanté nos campagnes, on le voyait, avant l'aube du jour, partir avec de généreux amis, conduisant eux-mêmes de longues files de voitures ; aller, souvent à de lointaines distances, recueillir les victimes de la guerre, couchées, les unes sur la terre nue des champs, les autres sur un peu de paille, dans l'enceinte des églises ou dans quelque maison abandonnée. Arrivé au terme du pèlerinage, on soulevait doucement les pauvres blessés de ce lit de douleur, on les portait à bras, dans les voitures, puis, chargé de ce précieux fardeau, on revenait à la ville les déposer dans les établissements publics, ou dans nos propres maisons transformées en ambulances.

Plus d'une fois, quand le soir, à l'arrivée des convois, M. de Puyvallée apprenait que quelque soldat, grièvement atteint, était resté privé de soins, par l'insuffisance des moyens de transport, on le vit, oubliant ses fatigues, atteler de nouveau sa voiture, repartir seul ou avec quelque ami dévoué, malgré l'obscurité de la nuit et la rigueur de la saison, traverser de rechef les lignes ennemies, puis à une heure avancée, alors que tout reposait dans la ville, revenir avec son glorieux butin et le confier à quelqu'un des charitables asiles toujours ouverts à ces nobles souffrances.

Le lendemain, d'autres soins réclamaient de lui de nouvelles sollicitudes. Accompagné, encouragé, secondé par sa pieuse et charitable épouse, digne de lui comme il était digne d'elle, il visitait les ambulances, en organisait de nouvelles, consolait, pansait, de ses mains, les blessés, s'enquérait de leurs besoins, sollicitait, en leur faveur, les administrations publiques, signalait les petites négligences, ranimait le zèle par ses exhortations et ses exemples, veillant à tout, suffisant à tout, infatigable dans son dévouement comme il l'était dans sa prévoyance.

C'est dans ce contact de tous les instants avec les malades et les blessés qu'il fut atteint de la terrible maladie (1), qui en peu de jours, et malgré les plus tendres soins, le conduisit au tombeau ; disons mieux, c'est là qu'il a recueilli sa couronne, car, dans ces saintes luttes de la charité, ce sont ceux qui succombent qui sont les héros de la terre et du ciel.

La mort si soudaine d'Alfred de Puyvallée ne brisa pas seulement le cœur de ses amis et de ses proches, elle répandit dans la ville entière, accablée déjà de tant de malheurs, une douloureuse émotion. L'éloge était dans toutes les bouches, le deuil chez tous ceux qui l'avaient connu.

Notre illustre Évêque, dont l'âme généreuse sait apprécier tous les dévouements et comprendre toutes les épreuves, voulut adresser lui-même à sa pieuse veuve, quelques-unes de ces paroles qui versent un baume religieux sur les plus amères blessures, et sont, pour ceux qui les ont méritées, un inappréciable trésor (2).

En même temps, par une distinction qui n'honore pas moins notre administration municipale que la chère mémoire d'Alfred de Puyvallée, M. le Maire d'Orléans, sur le vœu unanime du Conseil, transmettait, au nom de la cité entière, à sa famille si cruellement frappée, la touchante expression d'une reconnaissante et douloureuse sympathie (3).

Glorieux et consolants hommages, mais qui nous font mieux sentir encore tout ce que nous avons perdu.

(1) La petite-vérole.
(2) Voir ci-après.
(3) *Idem*.

Ainsi s'est éteint, dans la force de sa jeunesse et le rayonnement de son avenir, cet homme excellent, cet esprit distingué, ce noble cœur. *J'ai fait tout ce que j'ai pu, Dieu le sait* : disait-il à sa dernière heure. Ces modestes paroles, où son âme se révélait tout entière, ont été son suprême adieu. Les yeux levés vers le ciel, il s'est éteint sans murmure, dans l'accomplissement de la tâche qu'il s'était donnée; dans l'admirable épanouissement du dévouement et du sacrifice; victime du devoir volontairement accepté, courageusement continué jusqu'à la mort : semblable, en quelque sorte, en sa vie si courte et si dignement remplie, à ces fleurs délicates qui s'ouvrent aux premiers rayons du jour, embaument l'air de leurs suaves parfums, charment les regards de l'éclat de leurs couleurs ; puis, tout à coup, replient doucement leur pure corolle, s'inclinent, et se ferment pour toujours.

B. DE M.

31 Décembre 1870.

Aucun éloge de M. de Puyvallée ne saurait égaler les deux lettres suivantes qui seront, à jamais, l'honneur de sa mémoire et la couronne de sa vie.

ÉVÊCHÉ
D'ORLÉANS

Orléans, le 26 décembre 1870.

MADAME,

Dieu vous a donc envoyé cette profonde épreuve, et la cruelle maladie qui était venue tout à coup nous alarmer pour votre cher mari devait donc avoir cette issue douloureuse ! Dieu l'a voulu, il n'y a qu'à courber la tête. Mais le malheur qui tombe sur vous est bien grand, la perte cruelle ; et pour moi je compatis à votre peine bien vivement dans mon âme ; et je demande à Dieu qui a fait la blessure et qui peut seul la guérir, d'être bien avec vous dans ce grand deuil. C'en est un pour tous ceux qui ont connu Monsieur de Puyvallée, et pour moi en particulier, qui tenais en haute estime sa piété sincère et son amour du bien. J'entends dire à tout le monde qu'il est mort victime de son dévouement pour les pauvres blessés. Il a mis en effet à cette œuvre l'admirable cœur que nous lui connaissions. Hélas ! il en a trop fait, puisque nous le perdons et sa perte comptera parmi les plus grandes tristesses du triste temps que nous traversons. En priant pour cette âme que Dieu sans doute, à l'heure qu'il est, récompense, j'ai demandé aussi pour la vôtre, dans cette douloureuse épreuve, ces compensations dont Dieu seul a le trésor.

Veuillez agréer, Madame, l'hommage de tous mes respects en N.-S.

† FÉLIX, *Évêque d'Orléans.*

À Madame de Puyvallée, à Orléans.

Orléans, le 30 décembre 1870.

LE MAIRE DE LA VILLE D'ORLÉANS

A MADAME DE BENGY DE PUYVALLÉE, A ORLÉANS.

MADAME,

J'ai l'honneur de vous adresser une copie de la délibération par laquelle le Conseil municipal, sur la proposition de M. Alexis GERMON, a rendu un juste hommage à la noble conduite de M. de Puyvallée dans les temps calamiteux que nous traversons.

Je voudrais que ce témoignage de reconnaissance et de sympathie pût adoucir l'amertume d'une douleur que malheureusement rien ne peut amoindrir, et j'espère qu'il sera, pour vous et pour toute la famille de M. de Puyvallée, un souvenir qui ne sera pas sans valeur.

Agréez, Madame, l'expression de ma bien respectueuse considération,

CRESPIN.

EXTRAIT

du Registre des Délibérations du Conseil municipal d'Orléans.

SÉANCE DU 28 DÉCEMBRE 1870.

Aujourd'hui Mercredi, vingt-huit Décembre mil huit cent soixante-dix :

Le Conseil municipal s'est réuni dans une des salles de la Mairie.

Étaient présents : MM. Crespin, *Maire, président ;* Desbois, Saintoin, Dubec, *adjoints ;* Baguenault de Puchesse, Bernier, Chevallier-Escot, Cointepas, Daudier, Delacroix Saint-Clair, Fougeu, Fousset, Gavot, Germon, de Levin, Machard-Grammont, Martenot, Mouroux, Petau, Reba, Richault, Robert de Massy, Rossignol, Rousseau, Salmon, Sanglier, Sansco, Thureau.

M. Germon demande la parole et signale au Conseil que parmi les nombreux décès qui atteignent la population, il en est un qui, plus particulièrement, cause une émotion générale, c'est celui de M. Alfred de Bengy de Puyvallée, qui n'avait pas cessé, depuis plusieurs mois, de consacrer une activité rare et un dévouement sans bornes au service des blessés et des ambulances. Ne remplissant aucune mission officielle et seulement mû par ses nobles sentiments, c'est en allant sur les champs de bataille relever les blessés, en transportant ou assistant les malades qu'il a pris la maladie contagieuse qui l'a emporté.

M. Germon demande au Conseil si ce ne serait pas remplir un devoir de justice que de consacrer, par une mention au procès-verbal de cette séance, le souvenir des services rendus par M. de Puyvallée.

Le Conseil tout entier accueille, avec empressement et faveur, cette proposition ; chacun de ses membres a été témoin du zèle infatigable, de l'abnégation et du dévouement exceptionnels avec lesquels M. de Puyvallée a prodigué son assistance et ses soins aux blessés et aux malades. En rendant à sa mémoire un hommage qui n'est que l'expression du sentiment public, le Conseil invite M. le Maire à transmettre à sa famille ce témoignage de reconnaissance et de regrets.

En l'hôtel de la Mairie, les jour, mois et an que dessus.

Pour extrait conforme :

Le Maire d'Orléans,

CRESPIN.

Pendant que ces pages étaient sous presse, un nouveau deuil venait accabler l'honorable famille déjà si douloureusement éprouvée.

Le 11 janvier, à 56 ans à peine, Madame Seurrat de Morett succombait, à son tour, à la fatale épidémie dont ses soins maternels n'avaient pu sauver son gendre.

A quinze jours de distance, Madame Alfred de Puyvallée recevait le dernier soupir de son mari et les derniers adieux de sa mère.

Madame Seurrat de Morett, née Euphrasie-Valérie de Beauregard, était une de ces femmes, selon le cœur de Dieu, dont la vie, toute chrétienne, s'était consacrée, sans réserve, à ses devoirs de mère de famille, pieuse, charitable et dévouée.

C'est encore une de ces pures victimes d'expiation que le ciel, dans sa rigueur, choisit parmi les plus vertueuses et les plus excellentes d'entre nous.

Dieu l'a voulu, il n'y a qu'à courber la tête ; mais le malheur qui tombe sur nous est bien grand.